不器用さんのための
心ときめく
クッキーレシピ

きゅうり・著

KADOKAWA

はじめに

子どもの頃からものをつくること、食べることが大好きです。
今では好きな2つのことが合わさって
つくって楽しい、食べて美味しい、見ていてワクワクするような
クッキーアートをつくるお仕事をしています。

何をつくろう？ どんなイメージにしよう？と考えながら
夢中になって時間をかけてつくるクッキーは特別なもの。

もったいない……と思いながらも紅茶を淹れて一口食べれば
ペロリとなくなる儚さも面白いところです。

この本では基本に寄り添いながら、
なるべく簡単な手順や道具、材料でつくれる
かわいらしいクッキーたちを紹介しています。

お菓子づくりを始めたばかりの頃を思い出しながら
困ったことや疑問に思ったことをもとに
何回もつくっていく中で気づいた
つくり方のコツをまとめました。

お菓子づくりに自信のない人は
市販のクッキーにデコレーションをしてみるところからでも。
楽しみ方は自由でいろいろです。

この本を通して
クッキーづくりが楽しいと思えるような
ワクワクをお届けできたらうれしいです。

きゅうり

CONTENTS

- 2　はじめに
- 8　クッキーづくりの基本の道具
- 10　クッキーづくりの基本の材料
- 11　事前準備について
- 12　この本の使い方・注意書き

13　Part 1　アイスボックスクッキー

- 14　アイスボックスクッキーの基本のつくり方
- 16　2色でできるアイスボックスクッキー　→作り方 P.18〜
- 21　食パンアイスボックスクッキー　→作り方 P.22〜
- 24　どうぶつアイスボックスクッキー　→作り方 P.26〜
- 28　ギンガムチェックアイスボックスクッキー&マーブルクッキー　→作り方 P.29〜
- 32　column　デコレーションについて

33　Part 2　サンドクッキー

- 34　サンドクッキーの基本のつくり方
- 36　くだものジャムサンドクッキー　→作り方 P.38〜
- 40　肉球マシュマロサンドクッキー　→作り方 P.41〜
- 43　チェック柄お花サンドクッキー　→作り方 P.44〜
- 46　キルティングサンドクッキー　→作り方 P.47〜

49　Part 3　絞り出しクッキー

- 50　絞り出しクッキーの基本のつくり方
- 52　どうぶつ絞り出しクッキー　→作り方 P.54〜
- 53　犬たち絞り出しクッキー　→作り方 P.56〜
- 58　お花たち絞り出しクッキー　→作り方 P.60〜
- 62　ニット編み絞り出しクッキー　→作り方 P.63〜
- 64　column　デコレーションをさらに楽しむには

65　Part 4　ねんどクッキー

- 66　ねんどクッキーの基本のつくり方
- 68　パン屋さんのねんどクッキー　→作り方 P.72〜
- 78　猫たちねんどクッキー　→作り方 P.79〜
- 81　ジャムねんどクッキー　→作り方 P.82〜
- 83　ブローチみたいなねんどクッキー　→作り方 P.84〜

87

Part 5 アイシングクッキー

- 88　アイシングクッキーづくりの全体の流れ
- 89　基本の型抜きクッキーのつくり方とコツ
- 92　アイシングに必要な道具
- 93　基本のアイシングクリームのつくり方
- 94　アイシングクリームの色調整
- 95　アイシングクリームのかたさ調整
- 96　コルネのつくり方／コルネの詰め方
- 97　持ち方&絞り方

ハートクッキーのデコレーションアイデア

- 98　リボン×ふちドット／お花×ふちしずく／なみなみ／マーブル　→作り方 P.102〜
- 100　ドットハート／フレームハート／ランダムハート／花柄　→作り方 P.104〜
- 106　ドライオンラインチェック／ウェットオンラインチェック　→作り方 P.107
- 108　ギンガムチェック／グラデーション／フリル／キルティング　→作り方 P.110〜

丸クッキーのイベントデコレーションアイデア

- 112　お祝い文字　→作り方 P.118〜
- 114　ハロウィン　→作り方 P.120〜
- 115　クリスマス　→作り方 P.121〜
- 116　日本の伝統文様　→作り方 P.123〜

- 125　column　クッキーの焼き上がりの目安について
- 126　Q&A
- 127　おわりに

クッキーづくりの基本の道具

この本で使う主な道具を紹介します。100円ショップで手に入るものもあるので、事前に準備しておくとスムーズにクッキーづくりに取り組めます。

ボウル大、中、小
材料の量に応じて大きめのボウルを使うと混ぜやすい。

まな板
表面がすべすべのものがおすすめ。

ハンドミキサー
手で混ぜるより短時間で混ぜることができて便利。

ルーラー
生地をのばす時に両端に置くことで厚みを均等に。この本では3mmと5mmのものを使います。

はかり
お菓子づくりは計量が大切。0.1g単位で計量できるものがおすすめ。

ふるい(ザル)
粉類のダマをなくすために事前準備で使います。網目の細かいザルでも。

シルパン
メッシュ状でシリコン製のシート。クッキーを焼く時に生地が広がるのを防ぎ、綺麗な仕上がりにしてくれます。なければクッキングシートで代用を。

麺棒 生地をのばすために使います。

ヘラ ボウルについた生地も無駄なくすくい取れるのでシリコン製のゴムベラがおすすめ。

ラップ クッキー生地やアイシングクリームは乾燥しやすいので空気に触れないように密閉することが大切です。

定規 クッキーを同じ厚みに切り分ける際に使用。しっかりはかることで焼きムラを防ぎます。

型抜きクッキー

クッキー型
この本では6cmのハート型と、5cmの丸型を使用。

絞り出しクッキー

口金
この本では口金6切 #4を使っています。

絞り袋
何枚か多めに用意しておくのがおすすめ。

サンドクッキー

スケッパー
模様をつけるのに使います。

ティースプーン
サンドするものをのせる時に使います。

抜き型（ストロー太、細）
この本では試しやすいようにストローで抜いています。小さな丸、お花、ハート形の抜き型があればそれを使うのがおすすめ。

アイスボックスクッキー

包丁
生地を切り分ける時に使います。

バット
バットは成形に使います。

ねんどクッキー

ハケ
ツヤ出しの卵などを塗る時に使います。面の広いものだとムラなく塗れておすすめ。

クッキーづくりの基本の材料

クッキーづくりの基本となる材料を紹介します。
どれもスーパーなどで手に入るものばかりです。

バター（食塩不使用）
塩味を調整できるように食塩不使用のものを使う。発酵バターなどを使うとお店の味に近づく。

粉糖
粒が細かいので表面がすべすべで綺麗に仕上がるのが特徴。クッキーをつくる時はお好みできび糖などを使っても。

卵
卵は全卵、卵黄、卵白で違う役割がある。卵黄を使うクッキーはほろり、卵白はかための食感になる。

薄力粉
製菓材料店で扱っている薄力粉（エクリチュールなど）を使うとお店の味に近づく。

塩
ひとつまみの塩が甘さを引き立ててくれます。好みによって調整してみて。

アーモンドパウダー（アーモンドプードル）
ほろっとした食感にしてくれる。

生地の着色用

ココアパウダー
ブラックココアパウダー
抹茶パウダー

ココアは砂糖などが入っていない純ココアを、抹茶は製菓用のものを使う。

その他（デコレーション用など）

バニラエッセンス
（バニラオイル）

アイシングクリームではバニラエッセンス、加熱するクッキー生地ではバニラオイルを使う。

ジェル状
アイシングカラー

アイシングクリームやクッキー生地の着色におすすめ。ネットや製菓材料店で手に入ります。

粉末食用色素

少量で着色しやすく、濃い色をつくりやすい。スーパーなど手に入りやすいので初心者の方に。

事前準備について

すべてのクッキーをつくるうえで必要な事前準備について紹介します。
クッキーづくりは事前準備が肝心です。つくっている最中に慌てずにすむように、
このページを参考にしてください。

クッキーづくりに必要な準備

バター、卵は使う前に
冷蔵庫から出して常温にしておく

バターは200Wのレンジで10秒ずつ様子を見ながら加熱してもいい。
指で押し込めるくらいのかたさが目安。
温度差をなくして材料を混ぜ合わせやすくする。

卵は卵黄と卵白に分けて使う

殻を半分に割り、白身だけボウルに落とす。殻に残った卵黄は別のボウルに落とす。個体によって卵黄や卵白の大きさが変わるので使う分は必ず計量すること。

薄力粉、粉糖はふるっておく

ふるいがなければ細目のザルで代用できる。ダマをなくすことで生地が均一になる。

アーモンドパウダーは
粗目のザルでふるっておく

細目だと潰れて油分が出てしまう可能性がある。

オーブンは焼き温度
または10℃ほど高めで予熱する

生地を焼く20分前くらいから温め、焼き温度にしておく。天板は出しておく。
しっかり温めておくことで焼いている時に生地がダレにくい。

※オーブンの種類により予熱時間は変わるため、ご家庭にあるオーブンごとに調整してください。

この本の使い方・注意書き

● この本では簡単に試せるように、一人でも美味しく食べられるように少なめの分量で記載しています。
たくさんつくりたい場合はすべての材料を倍量にして、焼き温度は変えず、焼き時間は量によって様子を見ながら調整してください。

例)
無塩バター50g、粉糖30g、塩ひとつまみ、卵白15g、薄力粉60g
　　　↓2倍
無塩バター100g、粉糖60g、塩ふたつまみ、卵白30g、薄力粉120g

● できあがりのサイズと個数は目安です。使うクッキー型の大きさや成形時のサイズなどによって変わってくるので、生地が少し足りなくなったり、余ったりする場合があります。手元にある生地や色の組み合わせによってサイズを変更したり、余った生地はおやつ用に丸めて焼くなどで調整してください。

Part 1

アイスボックスクッキー

金太郎飴のように同じ模様が一度に大量につくれるクッキー。
型要らずなので初心者さんにもおすすめな、
ほろっと食感が魅力のクッキーです。

アイスボックスクッキーの基本のつくり方

全アイスボックスクッキーに共通する手順と大切なポイントを、写真付きで解説します。具体的な材料・分量はレシピによって違いますが、P.16以降のレシピをつくる際に参考にしてください。

用意するもの　食塩不使用バター、粉糖、卵黄、アーモンドパウダー、薄力粉　　>>> 分量は各レシピページへ

事前準備
- バター、卵は常温に置いておく。
- 薄力粉、粉糖、アーモンドパウダーはふるっておく。

>>> 詳細はP.11へ

手順　**step 1　生地づくり**

1/ ボウルに食塩不使用バター、粉糖を入れて練り混ぜる。

2/ 卵黄、アーモンドパウダーを入れてダマがなくなるまで混ぜる。

3/ 薄力粉を加えてヘラでさっくり混ぜる。

4/ そぼろ状にまとまってきたら、猫の手でぎゅっと10回くらいすり混ぜるようにしてまとめる。

/ **Point** /
生地をすり混ぜることで均一に混ざり、焼き上がりがなめらかな表面に仕上がる。

/ **Point** /
折り畳んだりしてこねない。こねすぎると生地がかたくなる原因に。

5 /
ラップで包み、平らにして冷蔵庫で1時間ほど休ませる。

/ Point /
丸形の成形は平らなまな板やバットなどを上から押しつけて台と挟んで転がすようにすると綺麗な丸いクッキーに仕上がる。

step 2　成形する　>>> 詳しくは各レシピページへ

6 /
冷蔵庫から取り出して、ラップで包んだ状態で形をつくる。
空気が入らないように折り畳んだりはせず、ぎゅぎゅっと押しながら形を整えて、全体が均一な太さになるようにする。

7 /
冷凍庫で30分ほど冷やし固める。

/ Point /
しっかり冷やすことで綺麗な形を保ち、切る時に形が潰れるのを防ぐ。

/ Point /
かたすぎて切りにくい時は5〜10分ほど常温において少し解凍すると切りやすい。

8 /
生地を均等に切り分ける。

/ Point /
切り分ける時は定規などで目印をつけながら、包丁をまっすぐ下ろす。均等な幅にすることで大きさがそろって焼きムラができにくい。

step 3　焼く　>>> 詳しくは各レシピページへ

9 /
シルパンを敷いた天板に生地を並べる。生地は焼く直前まで冷やしておく。

10 /
予熱したオーブンで焼く。

/ Point /
生地は冷やした状態で焼き始める。バターが溶け出すと形が歪む原因に。

11 /
焼けたらすぐに取り出し、粗熱をとって完成。

Part 1　アイスボックスクッキー

2色でできるアイスボックスクッキー
ハート　お花　市松模様　くるくる

プレーンとココアの2色でできる定番の柄を集めました。

Part 1　アイスボックスクッキー

2色でできるアイスボックスクッキー
ハート　お花　市松模様　くるくる

材料　約36個分（4種類×9個）

食塩不使用バター…90g
粉糖…60g
卵黄…14g
アーモンドパウダー…20g

プレーン
薄力粉…80g

ココア
薄力粉…75g
ココアパウダー…5g

手順　>>> 詳しいコツはP.14

1. ボウルに食塩不使用バター、粉糖を入れて練り混ぜる。
2. 卵黄、アーモンドパウダーを入れて混ぜる。生地を2等分する。
3. プレーン生地は薄力粉、ココア生地は薄力粉とココアパウダーを加えてヘラでさっくり混ぜる。
4. そぼろ状にまとまってきたらぎゅっと押すようにしてまとめる。※こねすぎない。
5. ラップで包み、冷蔵庫で1時間ほど休ませる。
6. 冷蔵庫から取り出して、2色をそれぞれ4分割する。
7. プレーン生地とココア生地を使ってそれぞれ成形する。　>>> 詳しいつくり方はP.19-20参照
8. 冷凍庫で30分ほど冷やし固める。
9. オーブンを170℃に予熱する。生地を1cm幅に切り分け、天板に生地を並べる。
10. 170℃のオーブンで12～15分ほど焼く。
11. 焼けたらすぐに取り出し、粗熱をとって完成。

Point
見た目ではなく重さを計って2等分する。

ハート

1
生地を同じ厚みにのばす。プレーン生地の方は両端の幅を1cmくらい大きめにしておく。

2
ラップを敷き、プレーン生地を置いたら、両端を均等に空けてココア生地を重ねる。

3
中心線としてお箸などでぐっと食い込ませる。

4
両端から中心線に向かってくるくる巻く。ラップごと持って折り畳むとひび割れしにくい。

5
ハートの下になる部分をつまんで尖らせる。

\ 断面図 /

お花

1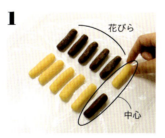
生地を各6等分し、丸い棒状にする。中心の芯の部分をしっかり冷やしておく。

\ 断面図 /

2
芯の部分を別の色5本で囲むようにして生地をくっつける。

3
ラップの上から形を整える。これを色違いで2種類つくる。

Part 1 アイスボックスクッキー

市松模様

1
2色を同じ厚みの長方形にする。厚みは約1cmに。

2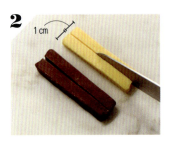
半分に切り、各2本の正方形の棒状に形を整える。

3
冷やした生地を色が交互になるように重ねる。

Point
冷えた状態の方が線が綺麗になる。

4
ラップで包み形を整える。

＼断面図／

くるくる

1
生地を同じ厚みにのばす。プレーン生地の方は両端の幅を1cmくらい大きめにしておく。

2
ラップを敷き、プレーン生地を置いたら、両端を均等に空けてココア生地を重ねる。

3
巻きやすいかたさになってから端からくるくる巻いていく。冷えていると生地が割れやすい。

4
ラップの上から形を整える。巻き終わりをなじませて段差をなくす。

＼断面図／

食パンアイスボックスクッキー

プレーンとココアの2色でつくる食パンみたいなクッキー。
デコレーションでいろいろなアレンジを楽しめます。

Part 1 アイスボックスクッキー

食パン
アイスボックスクッキー

材料 約12個分

食塩不使用バター…30g
粉糖…20g
卵黄…5g
アーモンドパウダー…5g
薄力粉…55g
ココアパウダー…0.3g

デコレーション
いちごジャム、アイシングクリーム…適量
>>> アイシングクリームはP.93〜参照

手順 >>> 詳しいコツはP.14

1. ボウルに食塩不使用バター、粉糖を入れて練り混ぜる。

2. 卵黄、アーモンドパウダーを入れて混ぜる。

3. 薄力粉を加えてヘラでさっくり混ぜる。

4. そぼろ状にまとまってきたらぎゅっと押すようにしてまとめる。※こねすぎない。

5. 生地を30gほど取り分けてココアパウダーを加えて混ぜる。(耳の部分用)少量なので多少こねてもいい。

6. ラップで包み、冷蔵庫で1時間ほど休ませる。

7. 冷蔵庫から取り出したプレーン生地を15cmの棒状にのばし、上から⅓のところに跡をつける。下を四角に、上を楕円の筒状にする。(食パンの形)

8 ココア生地は15cm×15cm（厚さ約1mm）より大きくなるようにのばす。

/ Point /
耳が薄い方がリアルな仕上がりになる。

9 プレーン生地は冷凍庫で、ココア生地は冷蔵庫で30分ほど冷やし固める。

10 ココア生地にプレーン生地をのせてラップごと持ち上げ転がすようにして一周巻く。余分なココア生地は切り落とす。

/ Point /
ココア生地は破れやすいので直前まで冷やしておく。

11 冷凍庫で30分ほど冷やし固める。

12 オーブンを170℃に予熱する。生地を約8mm幅に切り分け、天板に生地を並べる。

断面図

13 170℃のオーブンで10〜13分ほど焼く。

14 焼けたらすぐに取り出し、粗熱をとる。

15 お好みでデコレーションする。　>>> アイシングクリームはP.93〜を参照
- ジャムトースト→いちごジャム、アイシングクリームまたはチョコペン（白）
- 目玉焼きトースト→アイシングクリームまたはチョコペン（白、黄）

どうぶつアイスボックスクッキー
くま（ココア）　うさぎ（バニラ）　いぬ（チョコチップ）

表情豊かなどうぶつたちのクッキーを
3種類の味でつくりました。

Part 1　アイスボックスクッキー

どうぶつアイスボックスクッキー

くま（ココア）　うさぎ（バニラ）　いぬ（チョコチップ）

材料　約15個分（3種類×5個）

食塩不使用バター…60g
粉糖…40g
卵黄…10g
アーモンドパウダー…15g

くま（A）
| 薄力粉…32g
| ココアパウダー…3g

うさぎ（B）
| 薄力粉…35g
| バニラオイル…2、3滴

いぬ（C）
| 薄力粉…35g
| チョコチップ…20g

デコレーション
アイシングクリームやチョコペン
または水で溶いたココア

>>> アイシングクリームはP.93～を参照

手順　>>> 詳しいコツはP.14

1. ボウルに食塩不使用バター、粉糖を入れて練り混ぜる。
2. 卵黄、アーモンドパウダーを入れて混ぜる。生地を3等分する。
3. 3等分したうちの1つ目に(A)、2つ目に(B)を加えてそれぞれヘラでさっくり混ぜる。3つ目は、どうぶつの口のパーツ用に20g生地を取り分けてから(C)を加えて混ぜる。
4. そぼろ状にまとまってきたらぎゅっと押すようにしてまとめる。※こねすぎない。
5. ラップで包み、冷蔵庫で1時間ほど休ませる。
6. 冷蔵庫から取り出して分割し、それぞれの生地を成形する。
   >>> 詳しいつくり方はP.27参照
7. 冷凍庫で30分ほど冷やし固める。
8. オーブンを170℃に予熱する。生地を1cm幅に切り分け、天板に生地を並べる。3で残しておいたプレーン生地で口部分をつくる。（小さく丸めて顔にくっつける）

9. 170℃のオーブンで12～15分ほど焼く。
10. 焼けたらすぐに取り出し、粗熱をとる。
11. 顔をデコレーションする。

くま

1
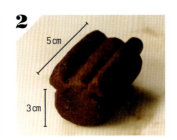

ココアの生地を耳用に15g取り分けて2等分しておく。

2

顔は長さ5cm直径3cmくらいの大きさの筒状に成形する。耳は丸く成形し、時計の10時と2時の位置にくっつけてラップで包む。

＼断面図／

うさぎ

1

バニラの生地を耳用に15g取り分けて2等分しておく。

2

顔は長さ5cm直径3cmくらいの大きさの筒状に成形する。耳は楕円形に成形し、時計の11時と1時の位置にくっつけてラップで包む。

＼断面図／

いぬ

1

チョコチップの生地を耳用に15g取り分けて2等分しておく。

2

顔は長さ5cm直径3cmくらいの大きさの筒状に成形する。耳はしずく形に成形し、顔の真横にくっつけてラップで包む。

＼断面図／

Part 1 アイスボックスクッキー

ギンガムチェック
アイスボックスクッキー
&マーブルクッキー

3色の生地を使ってつくるおしゃれなクッキーです。
余った生地はマーブル柄にアレンジもできちゃいます。

 ギンガムチェック
アイスボックスクッキー＆
マーブルクッキー

材料 約20個分（2種類×10個）

食塩不使用バター…60g
粉糖…40g
卵黄…10g
アーモンドパウダー…15g

白色 (A)
| 薄力粉…30g

茶色 (B)
| 薄力粉…30g
| ココアパウダー…2g

中間色 (C)
| 薄力粉…60g
| ココアパウダー…0.5g

デコレーション
アイシングクリーム　　>>> 詳しくは P.93〜

手順　>>> 詳しいコツは P.14

1 ボウルに食塩不使用バター、粉糖を入れて練り混ぜる。

2 卵黄、アーモンドパウダーを入れて混ぜて、生地を 1：1：2の分量になるように3分割する。

3 (A)(B) を3分割したうちの少ない方の生地に、(C) を多い方の生地に加えてヘラでさっくり混ぜる。
白色：茶色：中間色＝1：1：2となる。

白色

茶色

中間色

4 そぼろ状にまとまってきたらぎゅっと押すようにしてまとめる。※こねすぎない。

5 ラップで包み、冷蔵庫で1時間ほど休ませる。

6 冷蔵庫から取り出して、厚さ約5mm、縦約10cm、横約5cm（中間色は10cm）になるように麺棒でのばす。冷蔵庫で20分休ませる。

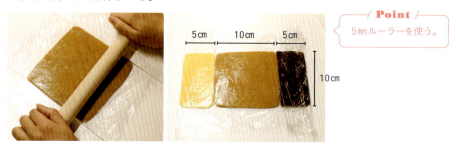

> **Point**
> 5mmルーラーを使う。

7 それぞれ定規で5mm幅に測りながら切り分ける。

> **Point**
> 白色9本、中間色18本、茶色9本以上用意して予備をつくっておく。

> **Point**
> 生地は冷えた状態で切ると角が綺麗に出る。生地がダレてきたら都度、冷凍庫へ。

8 6×6マスのチェック柄になるように組み立てる。

1段目は茶、中間の交互。それ以降の奇数の段も同様に並べる。

2段目は中間、白の交互。それ以降の偶数の段も同様に並べる。

> **Point**
> 組み立てる際は隙間のないようにくっつける。

\ 断面図 /

これを6段まで繰り返す。

9 残った生地はまとめてマーブル柄にして、丸形に成形する。

10 ラップで包み、冷凍庫で30分ほど冷やし固める。

11 オーブンを170℃に予熱する。生地を1cm幅に切り分け、天板に生地を並べる。

12 170℃のオーブンで12〜15分ほど焼く。

13 焼けたらすぐに取り出し、粗熱をとって完成。

14 お好みで、デコレーションする。

column

デコレーションについて

クッキーのデコレーションについて、基本的には
アイシングクリームでのデコレーションを想定していますが、
手間や準備が必要なので、簡単にできる他の方法もまとめました。

簡易版アイシングクリーム

簡単なデコレーションは粉糖と水だけを混ぜたものでもできる。

1. 粉糖と少量の水を混ぜる。粘度があるくらい。
2. 色をつける。食用色素を加えて混ぜる。
3. コルネに入れて絞る。

Point
簡単に準備できて、しっかり乾燥させれば崩れにくい。顔のパーツなど簡単なデコレーションにおすすめ。

チョコペンの場合

1. チョコペンをお湯の入った耐熱グラスに入れておく。
2. 中のチョコが溶けて柔らかくなったら取り出し、水気をよく拭く。
3. チョコペンの先を切り落とす。

Point
簡単に準備できて、立体的なデコレーションができる。溶ける場合があるので高温の場所は避ける。

ココアパウダーの場合

1. ココアパウダーと少量の水を混ぜる。少し粘度があるくらい。
2. 爪楊枝の先にとり、クッキーにちょんちょんとつけながら描く。
   ココアパウダーなら茶色、ブラックココアパウダーなら黒色に。

Point
簡単に準備できて、乾いた後は崩れにくい。

Part
2

サンドクッキー

市販のものをクッキーに挟むだけで簡単にできる、
美味しくてかわいらしいクッキーたちです。

サンドクッキーの基本のつくり方

全サンドクッキーに共通する手順と大切なポイントを、
写真付きで解説します。具体的な材料・分量はレシピによって違いますが、
P.36以降のレシピをつくる際に参考にしてください。

用意するもの　食塩不使用バター、粉糖、塩、全卵、アーモンドパウダー、薄力粉　　>>> 分量は各レシピページへ

事前準備
- バター、卵は常温に置いておく。
- 薄力粉、粉糖、アーモンドパウダーはふるっておく。

>>> 詳細はP.11へ

手順　step 1　生地づくり

1 / ボウルに食塩不使用バター、粉糖、塩を入れて練り混ぜる。

2 / 全卵、アーモンドパウダーを入れて混ぜる。

3 / 薄力粉を加えてヘラでさっくり切るように混ぜる。

4 / そぼろ状にまとまってきたら、猫の手でぎゅっと10回くらいすり混ぜるようにしてまとめる。

Point こねすぎない。こねすぎると生地がかたくなる原因に。

5 /
ラップで包み、麺棒で平らに整え冷蔵庫で1時間ほど休ませる。

/ Point /
休ませることで扱いやすいかたさになるのと、焼き上がりがサクサク食感になる。

step 2　成形する　>>> 詳しくは各レシピページへ

6 /
冷蔵庫から取り出して5分ほどおき、柔らかくなったらラップをかぶせて、麺棒で3mmの厚さにのばす。

/ Point /
3mmルーラーを使う。均一な厚みにすることで焼きムラをなくす。

7 /
一度冷蔵庫で20分ほど冷やし、生地がかたくなった状態で型抜きをする。

/ Point /
よく冷えた状態で型抜きすることでしっかり角のあるクッキーになる。

/ Point /
残った生地はまとめて、5〜7の工程をもう一度繰り返す。

step 3　焼く&サンドする　>>> 詳しくは各レシピページへ

8 /
シルパンを敷いた天板に生地を並べる。生地は焼く直前まで冷やしておく。

9 /
予熱したオーブンで焼く。

/ Point /
生地は冷やした状態で焼き始める。バターが溶け出すと形が歪む原因に。

10 /
焼けたらすぐに取り出し、粗熱をとる。

11 /
お好みのものをサンドして完成。

くだものジャムサンドクッキー
さくらんぼ　ぶどう　みかん

くだものの形にくりぬいて中にジャムを挟んだ、
見た目も味もたのしいクッキーです。

Part 2 サンドクッキー

くだものジャムサンドクッキー
さくらんぼ　ぶどう　みかん

材料　6cmハート型約5個分

食塩不使用バター…30g
粉糖…20g
塩…ひとつまみ
全卵…10g
アーモンドパウダー…10g
薄力粉…60g

サンドするもの
ストロベリージャム…適量
マーマレードジャム…適量
ブルーベリージャム…適量

デコレーション
アイシングクリーム　>>> 詳しくはP.93〜

手順　>>> 詳しいコツはP.34

1. ボウルに食塩不使用バター、粉糖、塩を入れて練り混ぜる。

2. 全卵、アーモンドパウダーを入れて混ぜる。

3. 薄力粉を加えてヘラでさっくり切るように混ぜる。

4. そぼろ状にまとまってきたらぎゅっと押すようにしてまとめる。※こねすぎない。

5. ラップで包み、麺棒で平らに整え冷蔵庫で1時間ほど休ませる。

6. 冷蔵庫から取り出して5分ほどおき柔らかくなったらラップをかぶせ麺棒で3mmの厚さにのばす。

7. 一度冷蔵庫で20分ほど冷やし、10枚分ハート型で型抜きをする。

8 うち5枚分を丸口金（もしくはストロー）を使って丸くくりぬく。

/ Point /
生地が割れやすいので少し柔らかい状態で型抜きする。

/ Point /
型抜き後の残った生地はまとめてラップで包んで麺棒でのばし、7、8の工程を繰り返す。

さくらんぼ→
中サイズ丸2個

ぶどう→
小サイズ丸6個

みかん→
大サイズ丸1個

9 オーブンを170℃に予熱する。天板に生地を並べる。生地は直前まで冷蔵庫で冷やしておく。

10 170℃のオーブンで10〜13分ほど焼く。

11 焼けたらすぐに取り出し、粗熱をとる。

12 アイシングクリームまたはチョコペンでくだものの軸や葉っぱを描く。

13 それぞれ約5gずつ（小さじ1杯程度）ジャムをサンドする。穴のない方のクッキーを裏返し、中心にスプーンでジャムをのせ、穴のある方のクッキーで優しく力を入れて挟む。

14 お好みでデコレーションする。

/ Point /
ジャムの水分でクッキーが湿気やすいので出来立てで食べるのがおすすめ。

肉球マシュマロサンドクッキー

挟んだマシュマロのぷにっと食感が楽しい
遊び心たっぷりなクッキーです。

材料 5cm丸型約5個分

食塩不使用バター… 30g
粉糖… 20g
塩… ひとつまみ
全卵… 10g
アーモンドパウダー… 10g

プレーン（白色）
| 薄力粉… 30g
ココア（茶色）
| 薄力粉… 27g
| ココアパウダー… 3g

サンドするもの
マシュマロ… 5個

手順 >>> 詳しいコツはP.34

1　ボウルに食塩不使用バター、粉糖、塩を入れて練り混ぜる。

2　全卵、アーモンドパウダーを入れて混ぜる。2等分する。

3　プレーン生地は薄力粉、ココア生地は薄力粉、ココアパウダーを加えてヘラでさっくり切るように混ぜる。

4　そぼろ状にまとまってきたらぎゅっと押すようにしてまとめる。※こねすぎない。

5　ラップで包み、冷蔵庫で1時間ほど休ませる。

6　冷蔵庫から取り出して適当な大きさにちぎってランダムに並べる。

7　麺棒で3mmの厚さにのばし、マーブル柄をつくる。

Point
残った生地はまとめてラップで包み、7、8を繰り返す。

8　一度冷蔵庫で20分ほど冷やし、生地がかたくなった状態で10枚分丸型で型抜きをする。

Part 2 ― サンドクッキー

9 5枚分を丸口金（もしくはストロー）でくりぬいて、冷蔵庫で冷やしておく。

> **Point**
> 丸口金がなければストローや爪楊枝で代用する。

10 オーブンを170℃に予熱する。冷蔵庫で冷やしておいた生地を天板に並べる。

11 170℃のオーブンで10〜13分ほど焼く。

12 焼けたらすぐに取り出し、粗熱をとる。

13 マシュマロの準備をする。
- クッキーより少し小さいサイズのマシュマロを使用する。
- 600Wのレンジで5〜10秒ほど、膨らむ手前まで温める。まだかたければ3秒ずつ追加する。

> **Point**
> マシュマロを加熱しすぎると失敗しやすい。

14 加熱したマシュマロを挟み、冷ます。

> **Point**
> クッキーの肉球部分は割れやすいので、細い部分に圧をかけないように優しく押し込む。

チェック柄お花サンドクッキー

抹茶のチェック柄クッキーでホワイトチョコレートを挟んだ、
見た目も味もほっこりなクッキーです。

Part 2 サンドクッキー

チェック柄お花サンドクッキー

材料 5cm丸型約5個分

食塩不使用バター…30g
粉糖…20g
塩…ひとつまみ
全卵…10g
アーモンドパウダー…10g

プレーン（白色、黄色）
　薄力粉…10g
　食用色素（黄）…適量
抹茶（緑色）
　薄力粉…48g
　抹茶パウダー…2g
　※食用色素（緑）を少し加えると鮮やかに

サンドするもの
ホワイトチョコレート
　…適量

手順 >>> 詳しいコツはP.34

1 ボウルに食塩不使用バター、粉糖、塩を入れて練り混ぜる。

2 全卵、アーモンドパウダーを入れて混ぜる。生地を10g取り分ける。

3 それぞれ薄力粉、抹茶パウダーを加えてヘラでさっくり切るように混ぜる。
- プレーン（白色）→取り分けた10gに薄力粉を加える。そのまま。
- プレーン（黄色）→白生地を3gくらい取り分け、食用色素（黄）を加えて混ぜる。こねてもいい。
- 抹茶→残りに抹茶パウダー、薄力粉を加える。こねない。

4 そぼろ状にまとまってきたらぎゅっと押すようにしてまとめる。

5 ラップで包み、麺棒で平らに整え冷蔵庫で1時間ほど休ませる。

6 抹茶生地を冷蔵庫から取り出して、5分ほどおき柔らかくなったらラップをかぶせて、麺棒で3mmの厚さにのばす。

7 白色の生地を細長くのばして15本ほど作り、抹茶の生地の上に並べてチェック柄を作る。ラップを上からかぶせて麺棒で優しくのばす。

 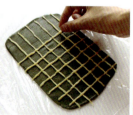 

8 一度冷蔵庫で20分ほど冷やし、10枚分丸型で型抜きをする。うち5枚はチェック柄、残り5枚はマーブルなどどんな模様でもよい。

> **Point**
> 残った生地は5、6、8を繰り返して再度型抜きする。

9 チェック柄の5枚を、丸口金（なければストロー）を使って花形にくりぬく。

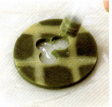

10 黄色の生地を5等分し、お花の中心部用に丸く成形する。

11 オーブンを170℃に予熱する。天板に生地を並べる。生地は直前まで冷蔵庫で冷やしておく。

12 170℃のオーブンで10〜13分ほど焼く。10の黄色の生地は小さいので別で5分ほど焼く。
※焼き色を見て焼き時間を調整する。

13 焼けたらすぐに取り出し、粗熱をとる。

14 ホワイトチョコレートを刻んで耐熱ボウルに入れて、600Wのレンジで1分ほど温める。溶けていなかったら様子を見ながら10秒ずつ温めて、よく混ぜて全体を溶かす。

> **Point**
> チョコレートが常温からの場合は溶けるのが早いので40秒くらいから様子を見て加熱する。

> **Point**
> 冷やすことでチョコレートが固まり、クッキーと馴染む。

15 溶かしたホワイトチョコレートを約4gずつ（小さじ1杯程度）挟んで、黄色のクッキーを中央にのせてから冷蔵庫で1時間ほど冷やす。

キルティングサンドクッキー

ココアクッキーでチョコレートを挟んだ、
ちょっぴり大人でかわいいクッキーです。

材料 6cmハート型約5個分

食塩不使用バター…30g
粉糖…20g
塩…ひとつまみ
全卵…10g
アーモンドパウダー…10g
薄力粉…55g
ココアパウダー…5g

サンドするもの
チョコレート…適量

手順 >>> 詳しいコツはP.34

1. ボウルに食塩不使用バター、粉糖、塩を入れて練り混ぜる。

2. 全卵、アーモンドパウダーを入れて混ぜる。

3. 薄力粉、ココアパウダーを加えてヘラでさっくり切るように混ぜる。

4. そぼろ状にまとまってきたらぎゅっと押すようにしてまとめる。※こねすぎない。

5. ラップで包み、麺棒で平らに整え冷蔵庫で1時間ほど休ませる。

6. 冷蔵庫から取り出して5分ほどおき、柔らかくなったらラップをかぶせ麺棒で3mmの厚さにのばす。

7. ラップをかぶせてスケッパー（または定規など）を格子柄になるように押し当ててキルティング柄をつける。

Point ラップの上から押し込むことでぷっくり感が出る。

Part 2 サンドクッキー

8 一度冷蔵庫で20分ほど冷やし、生地がかたくなった状態で10枚分ハート型で型抜きをする。うち5枚は抜き型（なければストローや包丁、爪楊枝）でハートの形にくりぬく。

/ **Point** /
型抜き後の残った生地はまとめてラップで包み、麺棒でのばして冷蔵庫で30分ほど冷やし、**7**、**8**の工程をもう一度行う。

9 オーブンを170℃に予熱する。天板に生地を並べる。生地は直前まで冷蔵庫で冷やしておく。

10 170℃のオーブンで10〜13分ほど焼く。
※焼き色を見て焼き時間を調整する。

11 焼けたらすぐに取り出し、粗熱をとる。

12 刻んだチョコレートを耐熱ボウルに入れる。600Wのレンジで1分ほど温める。溶けていなかったら様子を見ながら10秒ずつ温め、よく混ぜて全体を溶かす。

13 加熱したチョコレートを約4gずつ（小さじ1杯程度）挟んでから冷蔵庫で1時間ほど冷やす。

Part 3

絞り出しクッキー

バターの風味を感じるサクッと食感のクッキー。
絞り出して好きな形をつくれるので、
自由にアレンジしながらつくってみて。

絞り出しクッキーの基本のつくり方

全絞り出しクッキーに共通する手順と大切なポイントを、写真付きで解説します。
具体的な材料・分量はレシピによって違いますが、
P.52以降のレシピをつくる際に参考にしてください。

用意するもの 食塩不使用バター、粉糖、塩、卵白、薄力粉　　>>> 分量は各レシピページへ

事前準備
- バター、卵は常温に置いておく。
- 薄力粉、粉糖はふるっておく。

>>> 詳しくはP.11へ

手順　**step 1**　**生地づくり**

1 /
ボウルに食塩不使用バターを入れてハンドミキサーで混ぜる。

Point
白っぽくふんわりするまで。

2 /
粉糖、塩を加えてハンドミキサーで混ぜる。

Point
ハンドミキサーについたバターはしっかりとり、ボウルに戻す。

3 /
卵白を加えてハンドミキサーで混ぜる。

4 /
薄力粉を加えてヘラでさっくり混ぜる。

5 /
口金を入れた絞り袋に、4の生地を入れる。

Point 先端の方に生地をまとめて余分な空気を抜く。絞り袋のおしりはねじったり結んだりして閉じる。

口金の交換を楽にするために、口金のない袋に生地を入れてから、口金入りの別の袋にセッティングする方法もある。

step 2 絞る >>> 詳しくは各レシピページへ

6 /
クッキングシートに形を絞る。

Point 絞り袋はねじって生地が溢れ出ないようにし、ふさぎながらおしりを持って押し出すように絞る。

Point 冷やさず常温で作業する。

Point 口金が垂直になるようにして1cmくらい浮かせながら絞る。

7 /
生地は焼く直前まで冷凍庫で冷やしておく。

step 3 焼く >>> 詳しくは各レシピページへ

8 /
シルパンを敷いた天板にクッキングシートからはがした生地を移す。

Point シルパンに直に絞ると失敗した時にやり直しが難しいので、絞ったあとに移動させるのがおすすめ。

9 /
予熱したオーブンで焼く。

Point 生地は冷やした状態で焼き始める。バターが溶け出すと形が歪む原因に。

Point 端の部分から焼き色がつきやすいので、焼き時間10分ほどでアルミホイルをかぶせたりする。

10 /
焼けたらすぐに取り出し、粗熱をとって完成。

どうぶつ絞り出しクッキー
くま　うさぎ　いぬ

プレーンとココアの2色でできるクッキーです。
簡単なのにとってもかわいい、初心者さんにおすすめのレシピです。

犬たち絞り出しクッキー
シュナウザー　プードル　しば犬

3色の生地でつくる犬のクッキーです。絞り方や表情で
それぞれに個性が出るので、愛らしさたっぷりの仕上がりに。

Part 3 ｜ 絞り出しクッキー

どうぶつ絞り出しクッキー
くま　うさぎ　いぬ

材料　約12個分（3種類×4個）

食塩不使用バター… 50g
粉糖… 30g
塩… ひとつまみ
卵白… 15g

プレーン（白色）
薄力粉… 30g

ココア（茶色）
薄力粉… 27g
ココアパウダー… 3g

デコレーション
アイシングクリーム
>>> アイシングクリームはP.93～参照

手順　>>> 詳しいコツはP.50

1. ボウルに食塩不使用バターを入れてハンドミキサーで混ぜる。
2. 粉糖、塩を加えてハンドミキサーで混ぜる。
3. 卵白を加えてハンドミキサーで混ぜる。
4. 半分取り分け、片方にプレーン用の薄力粉を加えてヘラで混ぜる。
5. 残りにココア用の薄力粉、ココアパウダーを加えてヘラで混ぜる。
6. プレーンとココアそれぞれを口金を入れた絞り袋に入れる。
7. クッキングシートに絞る。
   >>> 詳しいつくり方は下記-P.55参照
8. オーブンを170℃に予熱する。生地は冷凍庫で30分以上冷やしてからシルパンを敷いた天板に並べる。

9. 170℃のオーブンで12～15分ほど焼く。
10. 焼けたらすぐに取り出し、粗熱をとる。
11. デコレーションする。

1

耳と顔（茶色）　約2cm

2
口（白）　1点に絞る

3

手足（茶色）　約2cm

4

胴体（茶色）　円を描くように絞る

5

焼けたらアイシングクリームで目・鼻・口を描く。

Point　余ったクッキー生地は好きな模様に絞って使い切る。

うさぎ

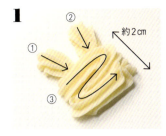
1 耳と顔

2 下からハの字を描くように絞る
口

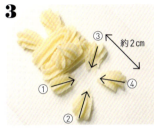
3 手足

4 円を描くように絞る
胴体

5 焼けたらアイシングクリームで目・鼻・口を描く。

いぬ

1 耳（茶色）と顔（白）

2 下からハの字を描くように絞る
口（茶色）

3 手足（茶色）

4 「の」の字に絞る
胴体（白）

5 焼けたらアイシングクリームで目・鼻・口を描く。

Point
デコレーションでサングラスやリボンなどをつくるとよりアレンジを楽しめます。

Part 3 　絞り出しクッキー

犬たち絞り出しクッキー

シュナウザー　プードル　しば犬

材料　約12個分（3種類×4個）

食塩不使用バター…75g
粉糖…45g
塩…ひとつまみ
卵白…20g
薄力粉…90g

灰色
| ブラックココアパウダー
　…0.5g

茶色
| ココアパウダー…2g

デコレーション
アイシングクリーム
>>> 詳しくはP.93～

手順　>>> 詳しいコツはP.50

1. ボウルに食塩不使用バターを入れてハンドミキサーで混ぜる。

2. 粉糖、塩を加えてハンドミキサーで混ぜる。

3. 卵白を加えてハンドミキサーで混ぜる。

4. 薄力粉を加えてヘラでさっくり混ぜてから生地を3等分する。

5. 色をつける。
   - 白色→そのまま
   - 茶色→ココアパウダーを加える。
   - 灰色→ブラックココアパウダーを加える。

6. 白、茶、灰色ごとに絞り袋に入れる。白は眉毛用に約5g取り分けておいて、アイシング用コルネに入れる。

7. クッキングシートに絞る。　>>> 詳しいつくり方はP.57参照

8. オーブンを170℃に予熱する。生地は冷凍庫で30分以上冷やしてからシルパンを敷いた天板に並べる。

9. 170℃のオーブンで12～15分ほど焼く。

10. 焼けたらすぐに取り出し、粗熱をとる。

11. 顔を描いてから、体のパーツと顔のパーツをアイシングクリームでつける。

Point
使う際、口金だけ入れた絞り袋に生地だけ入れた絞り袋をセットすると交換が楽になる。

しば犬	プードル	シュナウザー

1
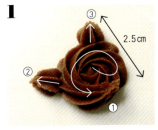
顔と耳(茶色)

1
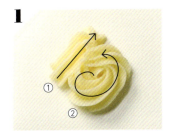
顔の土台

1

顔の土台と耳(灰色)

2

口(白)と眉毛(白のコルネ)

2

耳とあたま

2

口(白)と眉毛(白のコルネ)

3
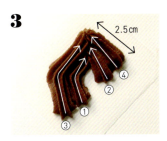
足(茶色)

3
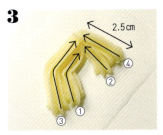
足

3
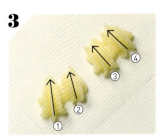
つま先(白)

4

しっぽ(茶色)

4

しっぽ

4
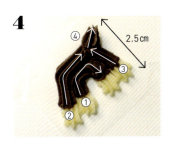
足としっぽ(灰色)

Part 3 — 絞り出しクッキー

お花たち絞り出しクッキー
チューリップ　カモミール　菜の花　ローズ

4色の生地を使って絞る、
色とりどりで華やかなクッキーです。

Part 3 絞り出しクッキー

お花たち絞り出しクッキー

チューリップ　カモミール　菜の花　ローズ

材料　約24個分（4種類×6個）

食塩不使用バター…75g　薄力粉…90g
粉糖…45g　食用色素（赤、黄、黄緑）
塩…ひとつまみ　バニラオイル…お好みで少々
卵白…20g

手順　>>> 詳しいコツはP.50

1. ボウルに食塩不使用バターを入れてハンドミキサーで混ぜる。
2. 粉糖、塩、バニラオイルを加えてハンドミキサーで混ぜる。
3. 卵白を加えてハンドミキサーで混ぜる。
4. 薄力粉を加えてヘラでさっくり混ぜて、生地を4分割する。
5. 色をつけて、それぞれの色ごとに絞り袋に入れる。
   - 白色→そのまま
   - ピンク色→食用色素（赤）を加える。
   - 黄色→食用色素（黄）を加える。
   - 緑色→食用色素（黄緑）を加える。
6. 口金を入れた絞り袋に、5の生地入りの袋をセットする。
7. クッキングシートに絞る。先に緑生地で茎の部分をすべて絞ってから、チューリップ→カモミール→菜の花→ローズの順につくると口金の交換が少なくてやりやすい。

>>> 詳しいつくり方は下記-P.61参照

8. オーブンを170℃に予熱する。生地は冷凍庫で30分以上冷やしてからシルパンを敷いた天板に並べる。
9. 170℃のオーブンで12〜15分ほど焼く。
10. 焼けたらすぐに取り出し、粗熱をとる。

茎

24個分先にすべて絞る。

チューリップ

ピンクの生地で3本絞る。

カモミール

白で5本中央に向けて絞ってから、黄色で中央に絞る。

菜の花

三角の位置になるように黄色で3点絞る。

ローズ

1

残ったピンク生地と白生地を絞り袋から出し、棒状に整えてラップで包む。

2

ラップの両端をねじり、片方をハサミで切る。

3

切った方を下にして、口金を入れた絞り袋に入れる。

4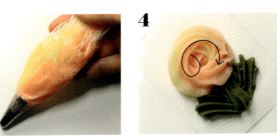

「の」の字を描くように絞る。

Part 3 絞り出しクッキー

ニット編み絞り出しクッキー

ニット状に絞った生地を型抜きしてつくる、シンプルだけどおしゃれなクッキーです。

ニット編み絞り出しクッキー

材料 6cmハート型約6個分

食塩不使用バター…50g
粉糖…30g
塩…ひとつまみ
卵白…15g
薄力粉…70g
バニラオイル…お好みで少々

手順 >>> 詳しいコツはP.50

1. ボウルに食塩不使用バターを入れてハンドミキサーで混ぜる。

2. 粉糖、塩、バニラオイルを加えてハンドミキサーで混ぜる。

3. 卵白を加えてハンドミキサーで混ぜる。

4. 薄力粉を加えてヘラでさっくり混ぜる。

5. 口金を入れた絞り袋に入れて、クッキングシートに直線を絞る。2cm空けて等間隔に。

6. 空けておいたところに縄状に絞り、シート状のニット模様をつくる。

Point 隙間のないように絞る。

7. オーブンを170℃に予熱する。生地は冷凍庫で30分以上冷やしておく。

8. 生地をハート型で型抜きし、シルパンを敷いた天板に並べる。

9. 170℃のオーブンで12〜15分ほど焼く。

10. 焼けたらすぐに取り出し、粗熱をとって完成。

column

デコレーションをさらに楽しむには

P.32でも紹介したクッキーのデコレーションについて、さらに楽しめるポイントを紹介します。

顔のバランス

この本ではどうぶつなどの顔を描くデコレーションが多く登場します。顔のパーツの位置によって印象がガラッと変わるので、お好みのバランスを探してみて。

口と目が平行　　離れ目気味　　寄り目気味

パーツのつくり方

「どうぶつアイスボックスクッキー」(P.24)や、「どうぶつ絞り出しクッキー」(P.52)などでは、顔を描く以外に、メガネやリボン、帽子などのパーツをつくってのせてもかわいく仕上がります。

1 透明OPPシートに好きなデコレーションを描く。あらかじめペンで下書きをしておいた紙にシートをかぶせて、その上からなぞってもよい。

2 しっかり乾燥させてからシートから剥がす。

3 裏側に接着用のかためクリームを塗り、クッキーの上にのせて固定する。

>>> P.119「太字パーツ」では同じ方法を写真付きで紹介

Part 4

ねんどクッキー

ねんどのように自由に好きな形をつくります。
つくって楽しい、食べて美味しい魅力いっぱいのクッキーです。

ねんどクッキーの基本のつくり方

全ねんどクッキーに共通する手順と大切なポイントを、
写真付きで解説します。具体的な材料・分量はレシピによって違いますが、
P.68以降のレシピをつくる際に参考にしてください。

用意するもの 食塩不使用バター、粉糖、水、アーモンドパウダー、薄力粉　　>>> **分量は各レシピページへ**

事前準備
- バターは常温に置いておく。
- 薄力粉、粉糖、アーモンドパウダーはふるっておく。　　>>> **詳しくは P.11へ**

手順　step **1**　生地づくり

1 /
ボウルに食塩不使用バター、粉糖を入れて練り混ぜる。

2 /
水、アーモンドパウダーを加えてヘラで混ぜる。

/ **Point** /
水だけだとバターに混ざりにくいのでアーモンドパウダーと一緒に入れてから混ぜる。

3 /
薄力粉を加えてヘラでさっくり混ぜる。

4 /
まとまってきたらぎゅっと押すようにしてまとめてラップに包んでおく。

step 2　成形する　>>> 詳しくは各レシピページへ

5 /
計量しながら生地を均等に分けて丸める。

/ Point /
しっかり計量して大きさをそろえることで焼きムラをなくす。

/ Point /
使っていない生地は乾燥しないようにラップをかけておく。

step 3　焼く　>>> 詳しくは各レシピページへ

6 /
シルパンを敷いた天板に生地を並べる。

/ Point /
生地は焼く直前まで乾燥しないように湿らせたキッチンペーパーをかけておく。

7 /
予熱したオーブンで焼く。

8 /
焼けたらすぐに取り出し、粗熱をとって完成。

Part 4 ねんどクッキー

パン屋さんのねんどクッキー
どうぶつパン／くま、うさぎ、パンダ、
コアラ、かめ、ひよこ

———

ころんとしてかわいらしい
どうぶつの形をした
パン風のクッキーです。

Part 4 ねんどクッキー

パン屋さんのねんどクッキー
ミニチュアパン／クロワッサン、プレッツェル、
ジャムパン、シナモンロール、
フランスパン、ベーグル

2色の生地でできるひとくちサイズのちいさなクッキー。
たくさん並べてパン屋さん気分を味わって。

パン屋さんのねんどクッキー

どうぶつパン／くま、うさぎ、パンダ、コアラ、かめ、ひよこ
ミニチュアパン／クロワッサン、プレッツェル、ジャムパン、
シナモンロール、フランスパン、ベーグル

材料 約20個分

食塩不使用バター … 30g
粉糖 … 20g
水 … 5ml
アーモンドパウダー … 15g

プレーン（白色）
薄力粉 … 32g

ココア（茶色）
薄力粉 … 22g
ココアパウダー … 1g

ツヤ出し用卵液
卵黄 … 10g
水 … 1〜2mlほど

デコレーション
シナモンパウダー（シナモンロール）
ジャム（ジャムパン）
アイシングクリーム　>>> 詳しくはP.93〜

手順 >>> 詳しいコツはP.66

1　ボウルに食塩不使用バター、粉糖を入れて練り混ぜる。

2　水、アーモンドパウダーを加えてよく混ぜる。

/ Point /
水を加えることで成形しやすくなる。

3　2の生地を40gと30gに分ける。

4　40gの方にプレーン用の薄力粉、30gの方にココア用の薄力粉とココアパウダーを加えてヘラでさっくり切るように混ぜる。

5　そぼろ状にまとまってきたらぎゅっと押すようにしてまとめる。

6　ツヤ出し用卵液の材料を混ぜ合わせておく。また、オーブンを160℃に予熱する。

7 生地を取りそれぞれ成形する。 >>> 詳しいつくり方は下記-P.77参照

8 シルパンを敷いた天板に生地を並べる。

9 160℃のオーブンで8分焼き、一度取り出して触れる熱さになるまでおいてからハケで卵液を塗り、もう8〜12分ほど焼く。

/ Point /
この作業中はオーブンの温度が下がらないようにする。

/ Point /
薄く全体に塗ることで綺麗な焼き色がつく。塗りすぎると卵の黄色が残る。

10 焼けたらすぐに取り出し、粗熱をとる。

11 デコレーションをする。

生地の余り方によって色を変えてつくってもOK。

パンの形のつくり方

どうぶつパン
くま

1

茶生地(大・5g)×1、茶生地(小)×2、白生地(小)×1を丸める。

2

茶生地の耳をつける。

3

白生地の口をつける。

4

焼き上がったら目や鼻をデコレーションする。

うさぎ

1
白生地を大(5g)×1、中×2、小×1に分けて丸める。

2
白生地の耳をつける。耳は浮かせないように。

3
白生地の口をつける。

4
焼き上がったら目や鼻をデコレーションする。

パンダ

1
白生地(大・5g)×1、茶生地(小)×4を丸める。

2
茶生地の耳をつける。

3
茶生地の目をつける。

4
焼き上がったら目や鼻をデコレーションする。

コアラ

1
白生地(大・5g)×1、白生地(小)×2、茶生地(小)×1を丸める。

2
白生地の耳をつける。

3
茶生地の鼻をつける。

4
焼き上がったら目をデコレーションする。

かめ

1

茶生地（大・4g）×1、白生地（中）×1、白生地（小）×4を丸める。

2

1の茶生地に爪楊枝で甲羅模様の線をつける。

3

白生地をしずく形にして顔、手足のパーツにして2をつける。

4

焼き上がったら目をデコレーションする。

ひよこ

1

白生地2g×3個を丸めてくっつける。

2

くちばしとしてごま粒くらいの小さい白生地をつける。

3

焼き上がったら目をデコレーションする。

フランスパン

1

白生地5gを丸めて3cmくらいにのばす。

2

爪楊枝で線をつける。

Part 4 ねんどクッキー

クロワッサン

1
白生地4gを幅3cm長さ10cmくらいの二等辺三角形にのばす。

2
太い方からくるくる巻いていく。

Point
ラップを敷いて引っ張りながら巻いていくとやりやすい。

プレッツェル

1
茶生地4gを10cmくらいの棒状にのばす。

2
両端を交差させてハートの形になるように整える。

ジャムパン

1
茶生地5gを丸める。

2
上下が平らになるように整え、5等分間隔に爪楊枝で押して切り込みをつくる。

3
真ん中にお箸の背でくぼみをつくる。

4
焼き途中、卵液を塗るタイミングでジャムをくぼみに入れる。

シナモンロール

1
白生地5gを幅1cm長さ10cmくらいの棒状にのばす。

2
軽く生地を潰して平たくする。

3
シナモンパウダーを塗る。

4
パウダーの面が内側になるように端からくるくる巻く。

5
焼き上がり後アイシングクリームをかける。

ベーグル

1
白生地4gを5cmくらいの長さにする。

2
片方の端を潰してスプーンの形にする。

3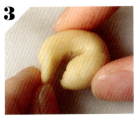
ぐるっと巻き、潰した方でもう片方の端を覆うようにして閉じる。

猫たちねんどクッキー

のびたり丸まったり寝転んだり、
いろんなポーズの猫がかわいいクッキーです。

猫たちねんどクッキー

材料 約20個分

食塩不使用バター … 30g
粉糖 … 20g
水 … 5ml
アーモンドパウダー … 15g
薄力粉 … 55g
ココアパウダー … 0.5gくらい
ブラックココアパウダー
　… 0.5gくらい

デコレーション
アイシングクリーム
>>> 詳しくはP.93〜

手順 >>> 詳しいコツはP.66

1. ボウルに食塩不使用バター、粉糖を入れて練り混ぜる。
2. 水、アーモンドパウダーを加えてよく混ぜる。
3. 薄力粉を加えてヘラでさっくり切るように混ぜる。
4. まとまってきたらぎゅっと押すようにしてまとめる。
5. 25g×2を取り分けてそれぞれにココアパウダーとブラックココアパウダーを入れ、茶色と黒色の生地をつくる。

6. オーブンを160℃に予熱する。生地を丸めて成形する。
   >>> 詳しくは下記 -P.80へ
7. シルパンを敷いた天板に生地を並べる。

8. 160℃のオーブンで15〜20分ほど焼く。
9. 焼けたらすぐに取り出し、粗熱をとる。
10. アイシングクリームで顔や肉球などの模様をデコレーションする。

Point 小さいパーツは焦げやすいので途中でふんわりとアルミホイルをかぶせる。

猫の形のつくり方

色を組み合わせて柄をつくったり、耳や口だけ色を変えたりしてもよい。

顔

1.5gの生地を丸めて顔をつくり、ひとつまみサイズの生地で耳と口をつける。

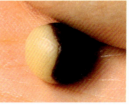

ごろりんポーズ

1
からだ用の生地4gを丸めて棒状にしてから、少し潰して平らにする。

2
爪楊枝で手足となる切り込みを入れる。少しカーブさせる。

3
0.5gの生地でしっぽをつくり、顔をのせる。

4
爪楊枝で切り込みを入れて指先をつくる。

へそ天ポーズ

1
からだ用の生地4gを丸めて棒状にしてから、少し潰して平らにする。

2
爪楊枝で手足となる切り込みを入れ、ななめに開く。

3
開いた部分に顔をつけ、前足を少し曲げる。

4
0.5gの生地でつくったしっぽを貼り付け、爪楊枝で切り込みを入れて指先をつくる。

おててないないポーズ

1
からだ用の生地4gを丸め、指で少し平らに潰す。

2
爪楊枝で前足の切り込みを入れる。

3
0.5gの生地でつくったしっぽを巻き付けるように貼り付け、顔をのせる。

ジャムねんどクッキー

シンプルだけど鮮やかでかわいいクッキー。
お好みのジャムを入れて楽しんで。

Part 4 ねんどクッキー

ジャムねんどクッキー

材料　約20個分

食塩不使用バター … 30g
粉糖 … 20g
水 … 5ml
アーモンドパウダー … 15g
薄力粉 … 55g
お好みのジャム … 適量

手順　>>> 詳しいコツは P.66

1. ボウルに食塩不使用バター、粉糖を入れて練り混ぜる。
2. 水、アーモンドパウダーを加えてよく混ぜる。
3. 薄力粉を加えてヘラでさっくり切るように混ぜる。
4. そぼろ状にまとまってきたらぎゅっと押すようにしてまとめる。
5. オーブンを160℃に予熱する。生地を7〜8gずつ丸める。
6. シルパンを敷いた天板に生地を並べる。
7. 軽く潰して1cmくらいの厚さにする。真ん中にお箸の背などで丸くくぼみをつくる。

/ Point /
くぼみは深めにする。

8. スプーンやコルネでくぼみにジャムを入れる。ジャムは焼くと溢れやすいので入れすぎないようにする。

/ Point /
水分の少ないジャムがおすすめ。果肉の入ったジャムはザルなどでこしておくとより入れやすい。

9. 160℃のオーブンで15〜20分ほど焼く。
10. 焼けたらすぐに取り出し、粗熱をとる。

/ Point /
ジャムを入れるコルネはクッキングシートでつくった簡易的なものでOK。

ブローチみたいなねんどクッキー

Part 4 ねんどクッキー

さまざまな色とパーツとデコレーションで組み合わせを楽しめる、
ブローチみたいにかわいくておしゃれなクッキーです。

ブローチみたいなねんどクッキー

材料 約15個分

食塩不使用バター … 30g
粉糖 … 20g
水 … 5ml
アーモンドパウダー … 15g
薄力粉 … 55g
食用色素 … お好みで

ツヤだし用
卵白 … 適量

デコレーション
アイシングクリーム
>>> 詳しくはP.93へ

手順 >>> 詳しいコツはP.66

1. ボウルに食塩不使用バター、粉糖を入れて練り混ぜる。
2. 水、アーモンドパウダーを加えてよく混ぜる。
3. 薄力粉を加えてヘラでさっくり切るように混ぜる。
4. まとまってきたらぎゅっと押すようにしてまとめ、生地を分割して食用色素で色をつける。白はそのまま。

5. オーブンを160℃に予熱する。生地を丸めて成形する。
   >>> 詳しくは下記-P.86へ
6. シルパンを敷いた天板に生地を並べる。
7. 160℃のオーブンで8分焼き、一度取り出して触れる熱さになるまでおいてからハケで卵白を塗り、さらに8〜12分焼く。

8. 焼けたらすぐに取り出し、粗熱をとる。
9. お好みでくまとうさぎの目と鼻をデコレーションする。

土台

生地を約4g取り、丸めて少し潰す。楕円形などにしてもよい。最初に15個分土台をつくってから、残った生地でパーツをつくる。

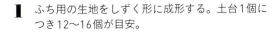
生地の色や、ふちどりのデコレーションと
パーツは自由に組み合わせてOK。

しずくふち × ミニリボン

1 ふち用の生地をしずく形に成形する。土台1個につき12〜16個が目安。

2

ふちを囲うように、同じ方向に重ね合わせて貼り付けていく。

3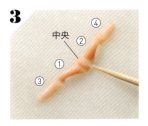

リボン用の生地を細長く成形し、爪楊枝で区切る。棒状にしてから分割すると大きさをそろえやすい。

4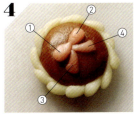

リボン形に成形し土台の上に貼り付け、爪楊枝でしわをつける。最後に結び目の丸を中央にのせる。

Part 4 ねんどクッキー

ひらひらふち × お花

1

ふち用の生地を細長く成形し、土台に巻き付ける。長い場合はちょうどいいところを爪楊枝で切る。

2

爪楊枝で等間隔に切り込みを入れていく。

3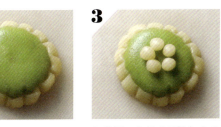

お花用の生地を5個丸めて土台の上に貼り付ける。

4

お花の中心用の生地を丸め、お花の中央にのせる。

ぐるりふち×くま

1

ふち用の生地を細長く成形し、土台に巻き付ける。長い場合はちょうどいいところを爪楊枝で切る。

2

くまの顔と耳用の生地を丸めて土台に貼り付ける。

3

くまの口用の生地を丸めてのせる。お好みで目と鼻を描く。

丸ふち×さくらんぼ

1

ふち用の生地を丸めて土台の周りに貼り付ける。

2

さくらんぼの実用の生地で同じ大きさの丸を成形し、土台に貼り付ける。

3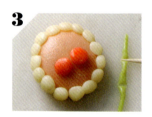

さくらんぼの軸用の生地を細長く成形し、爪楊枝で3等分する。

4

さくらんぼの軸になるように成形して貼り付け、爪楊枝で整える。

2色ふち×うさぎ

1

ふち用の生地を2色用意して同じ大きさに丸める。土台1個につき2色×6〜8個ずつ＝約12〜16個が目安。色が交互になるように土台の周りに貼り付ける。

2

うさぎ用の生地を丸めて、顔・耳・口を成形して土台に貼り付ける。お好みで目と鼻を描く。

Part
5

アイシングクッキー

表面が平らで角が綺麗に出る型抜きクッキーに、
アイシングクリームで色をつけたり、模様を描いたりして楽しめます。

アイシングクッキーづくりの全体の流れ

この本に載っているアイシングのデザインは各シリーズごとに
4～5色あればつくれます。このページでは例として
初心者さんにおすすめの4色を紹介。慣れてきたら好きな色をつくったり
色の数を増やしたり、自分なりにアレンジして楽しめます。

1 / 土台の型抜きクッキー (P.89～)

2 / アイシングクリームづくり (P.93～)

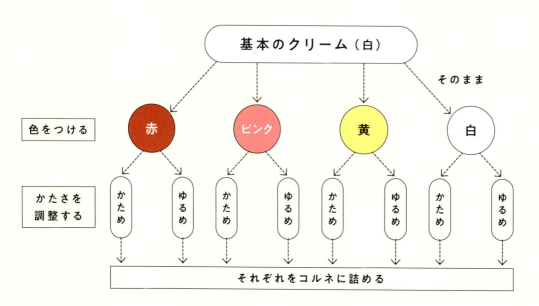

3 / デコレーションする (P.98～)

4 / 乾燥させる

基本の型抜きクッキーのつくり方とコツ

アイシングの土台となるデコレーションしやすいクッキーです。
表面が平らで角が綺麗に出るつくり方のポイントもご紹介します。

材料
6cmハート型10〜15枚分

食塩不使用バター … 60g
粉糖 … 50g
卵黄 … 10g
卵白 … 10g
薄力粉 … 130g

事前準備
● バター、卵は常温に置いておく。
● 薄力粉、粉糖はふるっておく。

>>> 詳しくはP.11へ

手順　step 1　生地づくり

1 / ボウルに食塩不使用バター、粉糖を加えて練り混ぜてなめらかな状態にする。

Part 5　アイシングクッキー

2 / 卵黄を入れて混ぜ合わせ、卵白を2回に分けて加えてよく混ぜ合わせる。

/ **Point** /
卵白を一気に入れると分離しやすく混ぜ合わせるのが大変なので少しずつ加える。

/ **Point** /
その都度しっかり混ぜてマヨネーズのようなツヤのあるまとまった状態にする。分離していても混ぜ続ければこの状態になる。

3 / 薄力粉を加えてヘラでさっくり切るように混ぜる。

/ **Point** /
バターを細かく刻んでいくようにヘラを動かす。

4 / そぼろ状にまとまってきたら、猫の手でぎゅっと10回くらいすり混ぜるようにしてまとめる。

/ **Point** /
しっかり生地が均一になるように馴染ませることで焼き上がりが綺麗になる。

/ **Point** /
こねすぎない。こねすぎると生地がかたくなる原因に。

5 / ラップで包み、麺棒で平らに整えて冷蔵庫で1時間以上(できれば一晩)休ませる。

/ **Point** /
ラップで包み、乾燥しないように密閉する。麺棒で軽くのばして四角形に整える。

/ **Point** /
休ませることで扱いやすいかたさになり、焼き上がりがサクサク食感になる。

step 2 型抜き

6 / 冷蔵庫から取り出し10分ほどおき、柔らかくなったらラップをかぶせて麺棒で5mmの厚さにのばす。

7 / 一度冷蔵庫で20分以上冷やし、生地がしっかりかたくなった状態で型抜きをする。

/ Point /
5mmルーラーを使う。均一な厚みにすることで焼きムラをなくす。

/ Point /
ラップなどツルツルしたものをかぶせてのばすことで表面もツルツルに仕上がる。

/ Point /
よく冷えた状態で型抜きすることでしっかり角のあるクッキーになる。

8 / 残った生地(二番生地)はまとめてラップで挟み、麺棒で5mmの厚さにのばして冷蔵庫で30分以上冷やし、再び型抜きする。

/ Point /
さらに残った生地(三番生地)は焼き上がりが歪みやすいので型抜きには使用しない。味見用に丸めて潰して焼くなどして生地を使い切る。

step 3 焼く

9 / オーブンを170℃に予熱する。冷蔵庫で冷やしておいた生地をシルパンを敷いた天板に並べる。

/ Point /
シルパンは均一に熱が入るため、焼き上がりを美しくしてくれる。クッキングシートで代用できるが、シルパンの方がおすすめ。

/ Point /
生地はダレやすいので焼く直前まで冷蔵庫に入れておく。

10 / 170℃のオーブンで12～15分ほど焼く。生地の厚みや大きさ、オーブンのクセにより焼き時間が変わってくるため、様子を見ながら焼く。

/ Point /
オーブンを開ける時間が長いと温度が下がるのですぐに閉める。

\目安/

/ Point /
クッキーのふちに焼き色がつく状態が目安。生焼けが心配な場合は一枚割って確認してもいい。

11 / 焼けたらすぐに取り出し、粗熱をとって完成。焼き上がり後の生地が膨らんでいた場合、オーブンから取り出してすぐにスプーンの背で押さえたり、上から重いものをのせたりして冷まし、膨らみを抑える。

/ Point /
クッキーの表面を平らにすることでデコレーションがしやすくなる。

アイシングに必要な道具

この章では、P.8で紹介したクッキー用の道具のほかに、
アイシングクリームのための道具が必要です。
なるべく用意しやすい身近なものを使ってつくれるようにしています。

ジェル状アイシングカラー

wilton社のアイシングカラーがおすすめ。アイシングクリームやクッキー生地の着色をします。ネットや製菓材料店で手に入ります。

コルネ用OPP三角シート

コルネとは絞り袋のこと。三角形の透明フィルムでつくります。
市販の透明なラッピング用の袋を三角形に切ったもので代用もできます。コルネのつくり方はP.96へ。

保存容器

アイシングクリームはつくったそばから表面が乾燥していきます。空気に触れないように常にラップをかけたり、密閉できる容器で保存したりします。

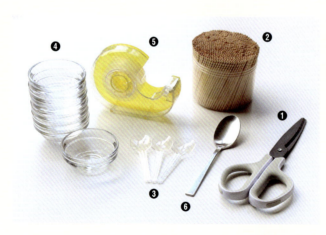

❶ ハサミ
❷ 爪楊枝
❸ ミニスプーン
❹ 小さいボウルや深めの小皿
（色数×2個以上あると便利）
❺ テープ
❻ ティースプーン

基本のアイシングクリームのつくり方

アイシングクリームは、まず最初に基本となる白のクリームをつくり、
そこから使いたい分を取り分けて着色・かたさを調整します。

材料
6cmハート型クッキー
10〜15枚分

卵白…30g
粉糖…160g
バニラエッセンス…お好みで適量（2、3滴）

事前準備
● 卵は冷蔵庫から取り出したての新鮮なものを使う。
● 粉糖はふるっておく。

手順

1 /
ボウルに卵白、粉糖、バニラエッセンスを入れてヘラで混ぜる。

Point ハンドミキサーだと粉糖が飛び散りやすいので最初にヘラで混ぜ合わせておく。

2 /
ハンドミキサーで5分以上しっかり混ぜる。ハンドミキサーの威力によるので、時間は目安として状態で見極める。

Point 最初はトロトロで黄色っぽい色。混ぜていくと白くツヤのある状態になっていく。だんだんハンドミキサーが重く感じてくるようになったらもう少しの合図。

3 /
クリームが白くなり、ミキサーの跡が残るくらいになったらクリームを持ち上げてツノをつくってかたさを確認する。ツノがお辞儀するかたさになったら完成。

目安

4 /
乾燥させないように密閉できる容器で冷蔵保存する。翌日までを目安に使い切る。

アイシングクリームの色調整

P.93でつくった基本のアイシングクリームに色をつけます。このレシピ本に載っているアイシングのデザインは各シリーズごと5色あればつくれるようになっているので、初心者さんは白を含めて5色からチャレンジしてみるのがおすすめです。

用意するもの 基本のアイシングクリーム、ジェル状アイシングカラー

/ Point / 赤や黒の色を出したい時は粉末食用色素を使ったり、ブラックココアパウダーを使う。

手順

/ Point / 後から色の調整ができるように、白は多めに残しておく。

1/ 使用する分だけ基本のアイシングクリームを小さいボウルに取る。1色あたりティースプーン2〜3杯ほどを目安に、つくるものによって取る量を変える。

2/ アイシングカラーを爪楊枝の先にごま粒くらいつけ、少量ずつ加える。

3/ よく混ぜて理想の色になるまで調整する。

  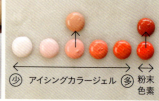

(少) アイシングカラージェル (多) ←→ 粉末色素

上段はそれぞれにアイシングカラーの茶色を加えたもの。くすみや深みが出る。

色の調整

薄くしたい場合
基本の白のアイシングクリームを加える。白いアイシングカラーがあればそれを加えてもOK。

濃くしたい場合
アイシングカラーをさらに少量ずつ加える。

くすみカラーをつくりたい場合
茶色のアイシングカラーを少し加える。

赤や黒の色のつくり方

赤→粉末色素（赤）を加える。
黒→ブラックココアパウダーまたは竹炭パウダーを加える。

Point 粉なので加えるとクリームがややかたくなりやすい。水を加えてかたさを調節する。

アイシングクリームのかたさ調整

アイシングでデコレーションをする際、細文字やふちどりの時はかためのクリーム、塗りつぶす時は柔らかめのクリームなど、用途によって使い分けます。P.94でつくった色つきのアイシングクリームのかたさをさらに分けていきます。

用意するもの　着色したアイシングクリーム、粉糖（かたくする用）、水（ゆるくする用）

ゆるめクリーム　かためクリーム　パーツ用

手順　※分量は目安なので、つくりたいデザインや色数に応じて調整してください。

かためクリーム（ふちどりなどに使う）

基本のアイシングクリームのかたさのまま使用する。すくいあげてツノがお辞儀するかたさ。分量は1色につきティースプーン1〜2杯程度が目安。

目安

/ Point /
かたすぎると、面を塗る時凸凹して綺麗にデコレーションできない原因に。逆にゆるすぎるとクッキーに水分が染み込んで食感が悪くなる。

/ Point /
ゆるめクリームは多めにつくる。かためクリームの2倍〜ほど。塗る面積によって量を変える。

ゆるめクリーム（塗りつぶしなどに使う）

1/ ティースプーン2〜3杯程度の基本のアイシングクリームをボウルに取り、水を少しずつ加える。

2/ よく混ぜ、すくいあげて垂らした時に5秒ほどで平らに馴染むかたさにする。

目安

パーツ用クリーム（立体的なパーツなどに使う）

1/ ティースプーン0.5〜1杯程度の基本のアイシングクリームをボウルに取り、粉糖を少しずつ加える。

2/ よく混ぜ、すくいあげてツノがピンと立つかたさにする。

目安

Part 5　アイシングクッキー

コルネのつくり方

クッキーを焼いたり冷ましたりしている隙間時間につくるのがおすすめ。20個ほどあると安心です。

※わかりやすいように色つきの紙を使用しています。

動画でCHECK

1 / 直角二等辺三角形のOPPシートの、①と②を重ね合わせる。

2 / 指で押さえながら持ち替えて、①と③の角が重なるようにブーケ状に丸める。

3 / 反対の手で④の角を持ち、①②③の角と重なるようにぴったりと巻き付ける。

4 / 先端が尖り、隙間のない状態のままテープでとめる。

\完成/

/ Point /
重なる角度を調整することでコルネの細さが変えられる。細いコルネは小さい文字やパーツなどを絞りやすい。

←細めのコルネ

コルネの詰め方

1 / ミニスプーンを使って、コルネの1/3くらいのところまでアイシングクリームを入れる。

2 / 両端を折り込み、おしりを折り畳んでからくるくる丸めてテープでとめる。

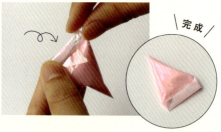

/ Point /
ゆるめクリームはたくさん使うので大きめのコルネに入れるか、複数に分けて入れておく。

\完成/

持ち方&絞り方

動画でCHECK

かためクリーム&パーツ用クリーム

1 / ハサミでコルネの先端から2〜3mmのところでまっすぐ切る。切り口が曲がると絞りにくいので注意。

2 / おしりの方を持ち、先端は面につける。

3 / 力を入れてクリームを出しながら5cmほど上に持ち上げる。

4 / 動かしながらクリームを垂らすようにして線を描く。

5 / 力を抜き、線の終わりで着地させる。

ゆるめクリーム

1 / ハサミでコルネの先端から4〜6mmのところでまっすぐ切る。

2 / おしりの方を持ち、先端は面につける。あまり持ち上げない。

3 / 力を入れてクリームを出しながら外側から内側へ向かって塗っていく。

> **/ Point /**
> クリームは絞ったそばから乾いてくるので素早く塗りつぶす。

4 / 量は多めに、表面張力を利用するイメージで塗りつぶす。爪楊枝に持ち替え、気泡を潰したり、くるくるかきまぜるようにしてクリームを平らにならす。

> **/ Point /**
> コルネの切り口は先端から乾燥してくるので湿らせたキッチンペーパーなどをかぶせて乾燥を防ぐ。先端が乾燥して固まってしまったら、口先が潰れないように塊を取り除く。

乾燥
- しっかり乾燥させる。自然乾燥の場合、表面の乾燥は絞った直後〜1時間ほど。中まで乾燥は半日〜1日ほど。
- フードドライヤーを使うと乾燥が早く、綺麗に仕上がるのでおすすめ。

保存
- アイシングクリームは乾燥しないように密閉容器で冷蔵保存する。(翌日まで)
- 完成したアイシングクッキーはしっかり乾燥させ、乾燥剤などと一緒に密閉容器に入れる。直射日光や高温多湿を避け、常温保存する。(1週間を目安)

Part 5　アイシングクッキー

ハートクッキーのデコレーションアイデア

リボン×ふちドット　お花×ふちしずく　なみなみ　マーブル

ここからはアイシングクリームを使ってクッキーをかわいくするデコレーションの
アイデアを紹介します。まずは初心者さんに特におすすめな4種類です。
好きなデザインとふちどりを組み合わせるとバリエーションが広がります。

Part 5　アイシングクッキー

こちらもアイシング初心者さんに
おすすめの柄4種。ランダムな模様や
爪楊枝でひっかくようなデザインが多めなので、
まっすぐ線が引けないうちでも
楽しめるデザインです。

ハートクッキーの
デコレーションアイデア

ドットハート　フレームハート
ランダムハート　花柄

Part 5 ｜ アイシングクッキー

リボン×ふちドット

1
かためクリームでふちを描く。

2
ゆるめクリームで塗りつぶす。

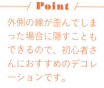
/ Point /
外側の線が歪んでしまった場合に隠すこともできるので、初心者さんにおすすめのデコレーションです。

3
表面を乾燥させてから、かためクリームで中心に当たりをつけてそこに向かってハの字を描く。

4
∞の形を描いて、最後に中心にドットを絞る。

5
かためクリームでふちにドット絞りをする。

お花×ふちしずく

1
かためクリームでふちを描く。

2
ゆるめクリームで塗りつぶす。

/ Point /
ハート形の場合、左右それぞれ上から下に向かって絞ると自然に見える。

3
表面を乾燥させてから、かためクリームで中心に当たりをつけてそこに向かって上下左右からしずく形になるように絞る。

4
残りの花びらも均等に絞る。最後に中心に丸く絞る。

5
かためクリームでふちにしずく絞りをする。

なみなみ

1 かためクリームでふちを描く。

2 ゆるめクリームで塗りつぶす。

3 表面が乾燥する前にゆるめクリームで2色交互になるように横線を描く。

4 表面が乾燥する前に爪楊枝で線を等間隔に上向きにひっかく。

5 4でひっかいた線の間を、同じように下向きにひっかく。

マーブル

1 かためクリームでふちを描く。

2 3色のゆるめクリームをランダムにのせて塗りつぶす。

3 表面が乾燥する前に爪楊枝でくるくるひっかく。

Part 5 アイシングクッキー

ドットハート

1
かためクリームでふちを描く。

2
ゆるめクリームで塗りつぶす。

3
表面が乾燥する前にゆるめクリームで全体に等間隔に楕円形のドットを描く。

4
表面が乾燥する前に爪楊枝で楕円形の中心を上から下へひっかいてハートの形にする。

フレームハート

1
かためクリームでふちを描く。

2
ゆるめクリームで塗りつぶす。

3
表面が乾燥する前にゆるめクリームでふちに沿ってドットを描く。

4
表面が乾燥する前に爪楊枝でクッキーの中心の上から左右それぞれふちのドットの中心を通るように沿ってひっかく。

ランダムハート

1
かためクリームでふちを描く。

2
ゆるめクリームで塗りつぶす。

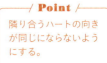
Point 隣り合うハートの向きが同じにならないようにする。

3
表面が乾燥する前にゆるめクリームでドットをランダムに描く。

4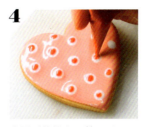
表面が乾燥する前にドットの中心に違う色のドットを描く。

5
表面が乾燥する前に爪楊枝でそれぞれドットの中心をランダムな向きにひっかく。

花柄

1
かためクリームでふちを描く。

2
ゆるめクリームで塗りつぶす。

3
表面が乾燥する前にゆるめクリームでドットを絞り花びらを描く。

4
表面が乾燥する前に**3**の中央にドットを一つずつ描く。

Part 5 アイシングクッキー

ハートクッキーの
デコレーションアイデア

ドライオンラインチェック
ウェットオンラインチェック

同じチェック柄でも、使うクリームのかたさや乾かすタイミングによって
印象の違うデザインになります。2色のアイシングクリームがあればできるので、
こちらも初心者さんにおすすめです。

ドライオン ラインチェック

1
かためクリームでふちを描く。

2
ゆるめクリームで塗りつぶす。

3
表面を乾燥させてから、かためクリームで等間隔に格子状にラインを描く。

Point
線を引く時は一定の強さで押し出して、着地点を見据えてクリームを垂らすように引く。

ウェットオン ラインチェック

1
かためクリームでふちを描く。

2
ゆるめクリームで塗りつぶす。

Point
ゆるめクリームは少し持ち上げて力を入れると直線が引ける。

3
表面が乾燥する前にゆるめクリームで格子状にラインを描く。流れ落ちるスピードがかためクリームより速いので手を動かすスピードに気をつける。

Part 5 アイシングクッキー

Part 5 アイシングクッキー

ハートクッキーの
デコレーションアイデア

ギンガムチェック　グラデーション
フリル　キルティング

―――――――

ちょっぴり難易度高めな応用編のデコレーションです。
アイシングクリームならではの
立体感を生かしたかわいいデザインなので、
コルネの使い方に慣れてきたらぜひ挑戦してみてください。

ギンガムチェック

1

かためクリームでふちを描く。

2

かためクリームで格子状にラインを描く。方眼マットを下に敷くと描きやすい。

3

/ Point /
隣り合うマスに塗ったクリームが乾燥する前に端から素早く塗っていく。

/ Point /
マスの角は無理にコルネで塗らず、爪楊枝でクリームを広げていくようにして塗る。

格子に沿って、ゆるめクリームの白、中間色の2色で交互に一列塗りつぶす。

4

表面が乾燥する前にゆるめクリームの中間色、濃い色の2色で交互に隣の一列を塗りつぶす。

5

3と4を繰り返す。

/ Point /
中間色が必ず間にくるイメージ。順番を間違えないように気をつける。

グラデーション

1

ゆるめクリームを2色中央に適当に絞る。

2

ヘラ（またはスプーンの柄など）で横向きに一方向にならす。

3

/ Point /
内側の線は、2のクリームの塗れていないところが隠れるような範囲にする。

しっかり乾燥させてから、かためクリームでふちを描き内側にハート形を描く。

4

高さを出すためにかためクリームを絞ってから、ゆるめクリームで塗りつぶす。

フリル

1
かためクリームでふちに沿って5粒くらい丸くドット絞りをする。

2
スプーンの裏などで中心に向かって擦り付けるようにしてならす。これを一周分繰り返す。

Point ドットの中心から半分を残し、半分を潰すイメージ。

3
乾燥後フリルのこすれた部分と少し重なるようにかためクリームでふちを描く。

4
ゆるめクリームで塗りつぶす。

キルティング

Point 太めの線にしておくとマス目の形が残りやすいので綺麗に仕上がる。方眼マットを敷くとマス目を描きやすい。

1
かためクリームでふちを描いてから、格子状にラインを描く。少し太めの線を意識して引くようにする。

2
マスの中心に高さを出すためにかためクリームを絞る。

3
ゆるめクリームで一マス飛ばしで塗りつぶす。

Point 角は無理にコルネで塗らず、爪楊枝でクリームを広げていくようにして塗る。

4
表面を乾燥させてから、残りのマスを**3**と同様にゆるめクリームで塗りつぶす。

5
しっかり乾燥させてから、かためクリームで交差する点にドットを絞る。

Part 5 アイシングクッキー

丸クッキーの
イベントデコレーションアイデア

ここからは季節の行事やプレゼントに大活躍のデコレーションを
紹介します。特別な型がなくてもすべて丸クッキーでつくれるので、
初心者さんでも挑戦しやすいデザインです。
ケーキにトッピングとしてのせるのもおすすめ。

Part 5 アイシングクッキー

お祝い文字
筆記体、太字（P.118〜）

好きな文字を描いて
世界に一つだけのオリジナルクッキーを
つくってみてください。

ハロウィン
蜘蛛の巣　パンプキン　おばけ（P.120〜）

クリスマス
雪の結晶　キャンディーケイン　ツリー（P.121〜）

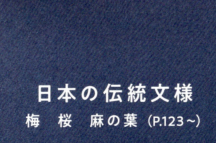

日本の伝統文様
梅　桜　麻の葉（P.123〜）

Part 5 ｜ アイシングクッキー

筆記体

※透明OPPシート、油性ペン、ボールペンを用意する。

1

かためクリームでふちを描いてからゆるめクリームで塗りつぶし、完全に乾燥させた丸クッキーをつくっておく。

2

透明OPPシートに書きたい文字を書く。文字の大きさなどはここで調整する。

/ **Point** /
一気にすべてなぞるのではなく、少しずつひっかくようにして書くと上手く書ける。

3

1のクッキーの上に**2**の透明OPPシートをかぶせ、上からボールペンなどでひっかくようにして文字をなぞる。アイシングの表面に当たりをつけて、文字の下書きをする。

/ **Point** /
太くしたい部分は絞る力を強めてしだいに力を抜くと、文字に強弱がついて筆記体らしくなる。

4

当たりを目印にして、かためクリームを絞る。大きな直線や曲線は少し浮かせて、細かい部分は浮かせずに描く。

5

かためクリームでふちにしずく絞りをする。ふちなどのデコレーションは文字を描いたあとに行う。

太字パーツ（ひらがなや数字）

※透明OPPシート、紙、ペンを用意する。

1 かためクリームでふちを描いてからゆるめクリームで塗りつぶし、完全に乾燥させた丸クッキーをつくっておく。

2

クッキーにのせたい文字を紙に書く。

3

透明OPPシートをかぶせてかためクリームで輪郭をなぞる。

4

ゆるめクリームで塗りつぶす。

5 大きさによっては1日以上、しっかり乾燥させる。

Point しっかり乾燥していないとシートから剥がせず割れやすい。

6

シートから剥がす。割れやすいので丁寧に。

7

かためクリームを接着用に塗り、完全に乾燥させたアイシングクッキーの上にのせて固定する。

Part 5　アイシングクッキー

蜘蛛の巣

1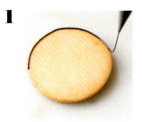
かためクリームでふちを描く。

2
ゆるめクリームで塗りつぶす。

3
表面が乾燥する前にゆるめクリームで円を3周描く。中心にドットを描く。

4
表面が乾燥する前に爪楊枝で中心から8等分するように外側へ向かってひっかく。

パンプキン

1
ゆるめクリームをふちの部分は残すようにして薄く塗り広げる。

2
かためクリームで目・鼻・口を描く。中心に三角形、その両隣に逆三角形を描く。下にスイカのような半円と、歯の部分を加えて描く。

3
かためクリームでかぼちゃの輪郭と溝を描く。

4
ゆるめクリームで右と左の面を塗りつぶす。

/ **Point** /
隣り合う面は乾いてから塗りつぶすと立体感が出る。

5
乾燥後、ゆるめクリームで真ん中の面を塗りつぶす。

/ **Point** /
細かい部分もあるのではみ出さないように塗りつぶす。

おばけ

1 かためクリームでふちを描く。

2 ゆるめクリームで塗りつぶす。

3 表面が乾燥する前にゆるめクリームで大きめの丸を3つ描く。

4 3の丸と重なるように手となる丸を絞る。周りの空いているところにも小さな丸を絞る。

5 表面が乾燥する前に大きめの丸3つをしずく形になるように爪楊枝でひっかく。周りの丸も同様にひっかく。

6 表面が乾燥する前にゆるめクリームで目と口を描く。

雪の結晶

1 かためクリームでふちを描く。

2 ゆるめクリームで塗りつぶす。

3 表面が乾燥する前にゆるめクリームで円を2つ描く。

4 ゆるめクリームで放射状に短めの線を2本ずつ6か所に描く。

5 空いているところに点をゆるめクリームで描く。

6 表面が乾燥する前に爪楊枝で6等分するように中央へ向かってひっかく。

Point 4で描いた線の上を通るようにする。

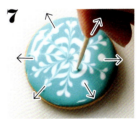

7 6で引いた線の間を中央から外側へひっかく。

Point 5で描いた点の上を通るようにする。

Part 5 アイシングクッキー

キャンディーケイン

1
かためクリームでふちを描く。

2
ゆるめクリームで塗りつぶす。

3
表面が乾燥する前にゆるめクリームの赤と白でドットを交互にステッキの形になるように描く。

4
表面が乾燥する前に爪楊枝でステッキの輪郭をなぞるようにして一周ひっかく。

5
表面が乾燥する前にゆるめクリームで周りにドットを絞る。

ツリー

1
かためクリームでふちを描く。

2
ゆるめクリームで塗りつぶす。

> **Point**
> 色を重ねるとよりクリスマスツリーらしさが出る。

3
表面が乾燥する前にゆるめクリームで三角形のようにジグザグに描く。

4
表面が乾燥する前に爪楊枝で上の中心に向かって下からなぞるようにして3回ひっかく。

5
表面が乾燥する前にゆるめクリームで上部に星マークを描く。ドットでお花の形のように絞ってから爪楊枝でひっかくと綺麗な星形になる。

6
表面が乾燥する前にゆるめクリームでツリーの装飾となるドットを絞る。

梅

1
かためクリームでふちを描く。

2
ゆるめクリームで塗りつぶす。

3
表面が乾燥する前にゆるめクリームでドットを5個絞って花の形を描く。

4
周りの部分にゆるめクリームでドットを絞る。

5
表面が乾燥する前にかためクリームで花の中心に3本線を描く。

Point
ドット同士の間隔を少し離す。

桜

1
かためクリームでふちを描く。

2
ゆるめクリームで塗りつぶす。

3
表面が乾燥する前にゆるめクリームでドットを5個絞る。

4
周りの空いているところにドットを絞り、散った花びらを描く。

5
爪楊枝でひっかいて桜の花びらの形にする。花の中心に向かってハート形になるように線を引いたあと、花びらが尖るように内側から外側に向かってひっかく。

6
かためクリームで花の中心に3つの点を絞る。

Part 5 アイシングクッキー

麻の葉

1
かためクリームでふちを描く。

2
ゆるめクリームで塗りつぶし、表面を完全に乾燥させる。

3
かためクリームでふちに時計のように12等分の当たりをとる。まず上下左右の4点。そのあと、それぞれの間を3等分するところに2点ずつ描くようにするとやりやすい。

4
かためクリームで正三角形をつくるようにして線を描く。時計でいう12時、4時、8時の部分を繋ぐ。

5
かためクリームで逆向きの正三角形をつくるようにして線を描く。時計でいう2時、6時、10時の部分を繋ぐ。

6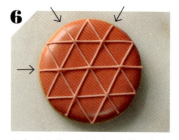
かためクリームでバツを描いたあと、横一直線を描く。時計でいう1時と7時、11時と5時、9時と3時の部分を繋ぐ。三角形のマス目ができあがる。

7
かためクリームで各三角形の中心から角に向かって線を3本描く。すべて同じようにする。

クッキーの焼き上がりの目安について

オーブンの種類やクッキーの成形サイズによって焼き加減は変化します。
各レシピでは標準的な焼き時間を記載していますが、最終的には焼き上がりの見た目で
判断するようにして、焼き時間を調整してください。
このページではそれぞれのクッキーの「焼き不足」「目安」「焼きすぎ」の比較写真を紹介
するので、これを目安にベストな焼き時間を見つけてみてください。

アイスボックスクッキー

絞り出しクッキー

ねんどクッキー

型抜きクッキー＆サンドクッキー

いずれも左側が焼き不足で、中央が焼き上がりの目安、右側が焼きすぎの状態です。左側のような色だと生焼けになってしまう可能性が高いので注意してください。

Q & A

Q アイシングで生卵を使うのが心配なのですが大丈夫ですか？

A 新鮮な卵を使い、清潔な環境で作業すること。

お砂糖が菌の増殖を抑えてくれます。しっかり乾燥させてください。
生卵に抵抗がある方は乾燥卵白を使うのもおすすめです。詳しいつくり方はYouTubeで紹介しています。

Q クッキーの賞味期限はどれくらいですか？

A 手作りのものなので3日くらいを目安になるべく早めにお召し上がりください。

乾燥剤とともに密閉容器に入れ、高温多湿、直射日光の当たる場所を避けて保存しましょう。

Q 道具をそろえるのが大変なので代用できませんか？

A 道具がなければおうちにあるもので代用しても◎

最初のうちはシルパンはクッキングシート、ルーラーは割り箸などでも代用できると思います。
道具がそろっていると簡単に綺麗にクッキーが焼けるようになるので、お菓子づくりが楽しくなってきたら使ってみるのがおすすめ。
ご紹介する道具のほとんどはワンコインショップでも手に入るのでぜひお試しください。

Q アイシングの上達の秘訣はありますか？

A とにかく絞ってみる！

最初からクッキーに上手に絞ろうとせず、ラップの上などで試して練習してみるのも◎
クリームのかたさ調整のコツを掴めると上達が早いと思います。

Q 市販のクッキーでアイシングの練習をしたいのですが、おすすめのクッキーはありますか？

A お気に入りのクッキーやお菓子で◎

動物形のビスケットに顔や服を描いてみたり、ドーナツにデコレーションを描いてみたりしても楽しいかもしれません。

おわりに

クッキーをつくる時は今でも
焼き上がってオーブンから取り出した時、
デコレーションを描いている時、
最後の最後まで、どうなるかな？とワクワクが続きます。

ちょっと焦げたクッキーも香ばしくて、
ちょっと歪んだクッキーも愛しくて、
世界に一つだけの不格好さも楽しめるのが
手づくりクッキーの好きなところです。

クッキーづくりに正解はないので
コツを参考にしながらアレンジして楽しめます。

ご紹介したクッキーのお味はシンプルなので
茶葉や果汁、スパイスなどで香りを加えたり、
お砂糖や薄力粉の種類を替えてみたり、
自分好みのお味にアレンジしていくのもおすすめです。

誰かへの贈り物や、自分の心を癒すお供に
自由で自分らしいクッキーをつくり続ける
きっかけになれていたらうれしいです。

みなさんにとって心ときめく時間を過ごせますように！

きゅうり

STAFF

ブックデザイン ── 蓮尾真沙子、狩野聡子 (tri)
撮影 ──────── 奥川純一
スタイリング ──── 浜田恵子
撮影協力 ────── UTUWA
校正 ──────── 株式会社麦秋アートセンター
DTP ───────── 株式会社フォレスト

不器用さんのための
心ときめくクッキーレシピ

2024年12月13日　初版発行

著　　　　きゅうり

発行者　　山下　直久

発行　　　株式会社KADOKAWA
　　　　　〒102-8177　東京都千代田区富士見2-13-3
　　　　　電話　0570-002-301（ナビダイヤル）

印刷・製本　TOPPANクロレ株式会社

ISBN 978-4-04-683894-0 C0077
Printed in Japan　©KYURI 2024

●お問い合わせ
https://www.kadokawa.co.jp/（「お問い合わせ」へお進みください）
※内容によっては、お答えできない場合があります。
※サポートは日本国内のみとさせていただきます。
※Japanese text only

本書の無断複製（コピー、スキャン、デジタル化等）並びに無断複製物の譲渡および
配信は、著作権法上での例外を除き禁じられています。
また、本書を代行業者等の第三者に依頼して複製する行為は、たとえ個人や家庭内で
の利用であっても一切認められておりません。

定価はカバーに表示してあります。